PHILOSOPHER'S NOTEBOOK

思想家手帐·张一兵 主编

# GUY DEBORD

Rencontrer le Spectacle

居伊·德波

遭遇景观

PHILOSOPHER'S NOTEBOOK　　［法］居伊·德波 著　张一兵 刘冰菁 编　南京大学出版社

创立"景观社会"的理论奇才;
二十世纪法国先锋艺术、电影的活跃分子;
法国左派激进思想的一号旗手;
字母主义国际、情境主义国际和五月风暴的精神导师;
在巴黎街头的黑夜里不断游荡、驳斥现实的幽灵;
他,是居伊·德波(Guy Debord,1931—1994)。

德波，一生从未工作。他热爱的是喝酒、阅读、写作、思想风暴，以及彻夜在巴黎街头自由穿梭。他厌恶媒体镜头的捕捉，只愿意在他的文字和电影作品，以及字母主义国际（1952—1957）、情境主义国际（1957—1972）的秘密活动中生存。在那里，他毫不犹豫地举起武器，在资本主义现代社会的心脏上插上匕首。

因此，虽然德波身上烙印着许多不同的标签，如诗人、艺术家、激进思想家、期刊编辑、电影制作人，等等，但进入德波精神地图的唯一入口，只在他对现代消费社会的激进批判。无论是在他诗意的语句中，还是在他严肃精悍的理论文字中，是在他影像音轨错落交叠的电影中，还是在巴黎街头的革命活动中，德波从未离开对资本主义消费社会吞噬自由生命的批判和反抗。对他而言，景观社会的繁花似锦下，是图像代替了意义、表象代替了深度、凝视代替了自由、当下的循环代替了历史的运动；这样的生活不值得过，这样的生命不值得活。而只有不断地战斗，才可能开启新的时代。

他人醉于景观，而我唯爱自由。

Lutter contre le film ou refuser le spectacle

反对电影或拒绝景观

Le fait aussi que la vie passe, et que nous n'attendons pas de compensations, hors celles que nous devons inventer et bâtir nous-mêmes. Ce n'est qu'une affaire de courage.

事实上,生活在继续,我们不期望任何来自我们之外的补偿;我们必须凭借自己来创造和构建。这只关乎于勇气。

《生活的最低限度》

( *Le minimum de la vie* )

(德波:《冬宴》[*Potlatch*],伽利玛出版社1996年,第31页)

La poésie a épuisé ses derniers prestiges formels. Au-delà de l'esthétique, elle est toute dans le pouvoir des hommes sur leurs aventures. La poésie se lit sur les visages. Il est donc urgent de créer des visages nouveaux. La poésie est dans la forme des villes.

诗歌已经耗尽了它最后的形式魅力。在美学之外，它只来自人们在冒险中创造的权力。诗歌显露在风貌上，因而当务之急是带来全新的风貌，而诗歌就在城市的形式之中。

《答比利时的超现实主义小组的调查》

(*Réponse à une enquête du group surréaliste belge*)

〔德波：《冬宴》［*Potlatch*］，伽利玛出版社1996年，第41页〕

La beauté nouvelle sera DE SITUATION, c'est-à-dire provisoire et vécue.

全新的美将是*情境*,也就是转瞬即逝的、亲历其境的情境。

《答比利时的超现实主义小组的调查》

(*Réponse à une enquête du group surréaliste belge*)

(德波:《冬宴》[*Potlatch*],伽利玛出版社1996年,第42页)

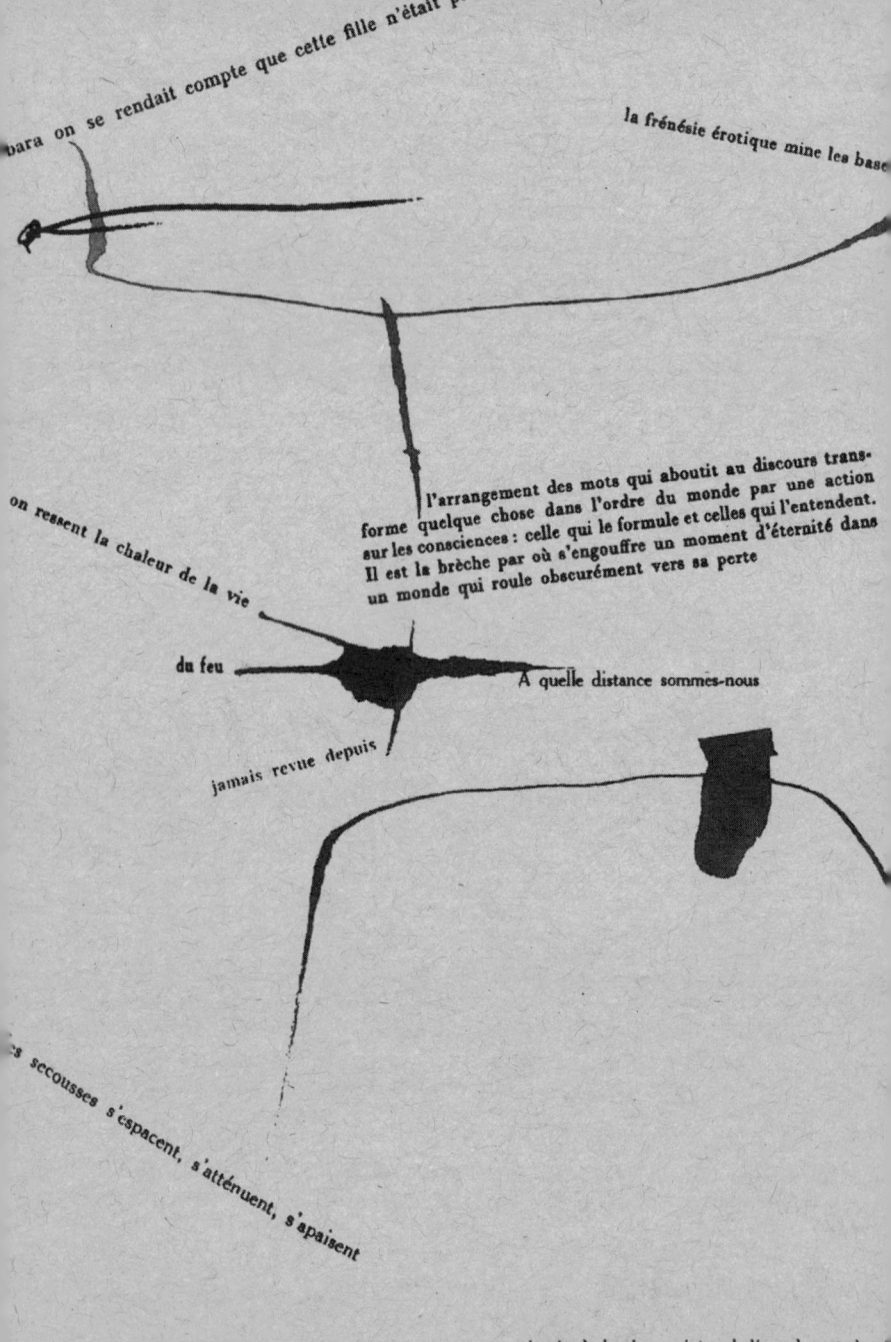

bara on se rendait compte que cette fille n'était pas ne...

la frénésie érotique mine les base...

l'arrangement des mots qui aboutit au discours transforme quelque chose dans l'ordre du monde par une action sur les consciences : celle qui le formule et celles qui l'entendent. Il est la brèche par où s'engouffre un moment d'éternité dans un monde qui roule obscurément vers sa perte

on ressent la chaleur de la vie

du feu

A quelle distance sommes-nous

jamais revue depuis

s secousses s'espacent, s'atténuent, s'apaisent

le vin de la vie est tiré, et la lie seule reste à ce...

La poésie pour nous ne signifie rien d'autre que l'élaboration de conduites absolument neuves, et les moyens de s'y passionner.

对我们来说,诗歌只意味着创造别具一格的行为,及全情投入其中的方法。

《答比利时的超现实主义小组的调查》

(*Réponse à une enquête du group surréaliste belge*)

(德波:《冬宴》[*Potlatch*],伽利玛出版社1996年,第42页)

L'aventurier est celui qui fait arriver les aventures,
plus que celui à qui les aventures arrivent.

冒险家是主动让冒险成真的人，
而不是等待冒险从天而降的人。

《在欧洲的新想法》　　　　（...Une idée neuve en Europe）
　　　　　　　　　　　　（德波：《冬宴》[Potlatch]，伽利玛出版社1996年，第51页）

# CULTURE
*LE JOURNAL DES ARTS ET SPECTACLES*

**L'ESSENTIEL**

### Guy Debord, le situ s'est tué

Fondateur de l'Internationale situationniste, groupe de 70 membres qui a joué un rôle fondamental dans l'émergence des idées de mai 68, critique radical de la société de consommation à travers un livre et un film phares, «la Société du spectacle», l'écrivain-réalisateur s'est suicidé mercredi soir, dans le village d'Auvergne où il s'était retiré. Il avait 62 ans. «In girum imus nocte et consumimur igni». Page 36

## Guy Debord arrête ici son histoire véritable

Agitateur, poète, «docteur en rien», adversaire de la société bourgeoise dans tous ses âges, le théoricien fondateur de l'Internationale Situationniste se disait «né virtuellement ruiné.» L'auteur de la «Société du spectacle» et l'autobiographie de «Panégyrique» s'est suicidé mercredi, à 62 ans.

**HISTOIRE**
PAR EDOUARD WAINTROP

### Guy Debord s'est sabordé

■ Le fondateur du situationnisme, premier mouvement à décrypter et fustiger la société du spectacle, s'est donné la mort.

# Le Monde

15, rue Falguière, 75501 Paris Cedex 15

**SAMEDI 3 DÉCEMBRE 1994**

## *Guy Debord, esthète de la subversion*

*Le théoricien de « la Société du spectacle » s'est donné la mort
mercredi 30 novembre, à l'âge de soixante-deux ans*

**NOTRE ÉPOQUE**
Théoricien de l'Internationale situationniste, il s'est suicidé à 62 ans

## Guy Debord, raisonneur et guerrier

*Tout à la fois cinéaste, écrivain, stratège, enragé et aventurier, Debord ne s'attacha jamais à plaire et demeura à la place qu'il s'était lui-même assignée. En retour, il ne reçut aucun hommage*

■ *Histoires*

## L'insituable Guy Debord

*Fondateur de l'Internationale situationniste, écrivain subversif, soupçonné de tous les complots, il exécrait la « société du spectacle ». Il s'est suicidé. La télévision n'en a rien vu.*

La beauté, *quand elle n'est pas une promesse de bonheur,* doit être détruite.

美，当它并不是幸福的承诺的时候，
就该被毁灭。

《理性美化巴黎城计划》

( *Projet d'embellissements rationnels de la ville de Paris* )

〔德波：《冬宴》[ *Potlatch* ]，伽利玛出版社1996年，第205页〕

bout d'un instant, ils virent
valiers armés qui quittèrent
tures, puis, s'inclinant devant
us sommes venus en grande
vous à la table où nous sern-
laad leur répondit qu'ils arri-
ème et ses compagnons étaient
t dans la salle, et Galaad leur

Trois d'entre eux répondirent
d'Irlande, et les trois autres

paient
des héros de roman. « Ce mélange d'écharpes
etz, de dames, de cuirasses, de violons qui étaient
trompettes qui étaient dans la place, donnait un
voyait plus souvent dans les romans qu'ailleurs ;

e m'imagine que nous sommes assiégés dans Marcilly

— Vous avez raison, lui répondis

Bien que certaines activités artistiques soient plus notoirement frappées à mort que d'autres, nous pensons que l'accrochage de tableaux dans une galerie est une survivance aussi forcément inintéressante qu'un livre de poèmes.

虽然有些艺术活动显然是比其他的更加震慑人心，但我们认为，把画挂在画廊里，注定是和一本诗集一样令人索然无味。

〈退后一步〉

( *Un pas en arriere* )

（德波：《冬宴》［*Potlatch*］，伽利玛出版社1996年，第265页）

Je crois que tous mes amis se satisferaient de travailler anonymement au ministère des Loisirs d'un gouvernement qui se préoccupera enfin de changer la vie, avec des salaires d'ouvriers qualifiés.

我相信,我所有的伙伴都乐于在政府的娱乐部门匿名工作,领一份技术员工的工资,旨在最终改变生活。

《如果想成为情境主义者就再努力一次》

(*Encore un effort si vous voulez être situationnistes*)

(德波:《冬宴》[*Potlatch*],伽利玛出版社1996年,第277页)

Il n'y a pas de film. Le cinéma est mort. Il ne peut plus y avoir de film. Passons, si vous voulez, au débat.

这儿没有电影,电影已死,我们不会再拥有。如果想要,请和我们一起投入争论。

《为萨德疾呼》

(*Hurlements en faveur de Sade*)

(德波:《电影作品全集》[*Œuvres cinématographiques complètes*],伽利玛出版社1994年,第11页)

Me souvenir de toi? Oui, je veux

Des lumières, des ombres, des figures

Le soir, Barbara

...servera des franges de silence

il est pour toi

pleine de discorde et d...

...curieux système de récit

il s'agit d'un sujet profondément imprégné d'alcool

Bien entendu, je vais tout de même agiter des événements et émettre des com...

L'amour n'est valable que dans une période prérévolutionnaire.

爱情，只有在革命前的岁月里才有价值。

《为萨德疾呼》

( *Hurlements en faveur de Sade* )

( 德波：《电影作品全集》[ *Œuvres cinématographiques complètes* ]，伽利玛出版社1994年，第11页 )

Les arts futurs seront des bouleversements de situations, ou rien.

未来的艺术将是情境的冲撞，或一无所有。

《为萨德疾呼》

( *Hurlements en faveur de Sade* )

（德波：《电影作品全集》[ *Œuvres cinématographiques complètes* ]，伽利玛出版社1994年，第12页）

# THE NAKED CITY

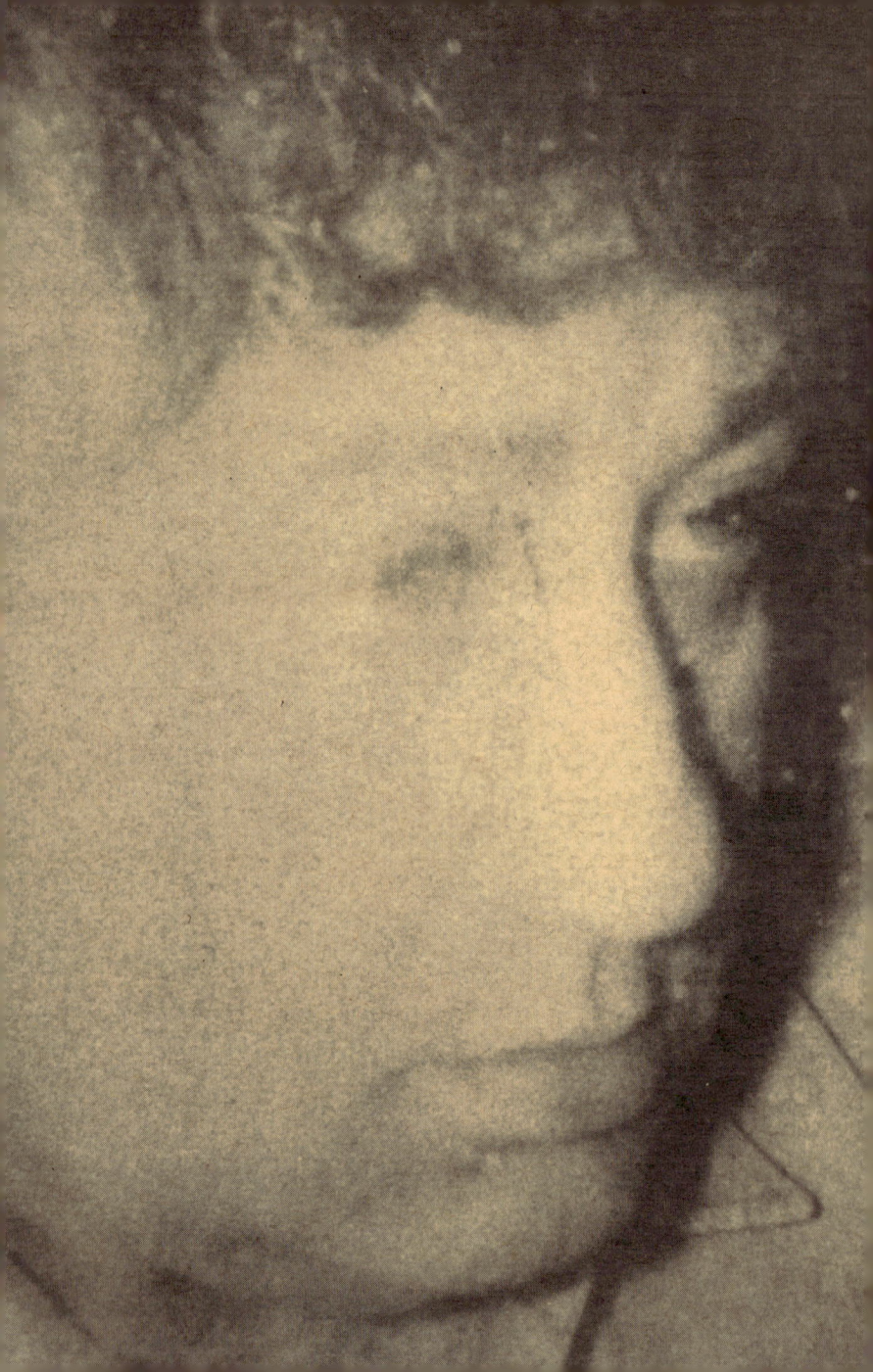

Après toutes les réponses à contretemps, et la jeunesse qui se fait vieille, la nuit retombe de bien haut. Nous vivons en enfants perdus nos aventures incomplètes.

在所有不合时宜的回答和逐渐老去的青春之后,黑夜再次降临。在不完整的冒险中,我们活得像是冲锋队里迷失的孩子。

《为萨德疾呼》

( *Hurlements en faveur de Sade* )

(德波:《电影作品全集》[ *Œuvres cinématographiques complètes* ],伽利玛出版社1994年,第17页)

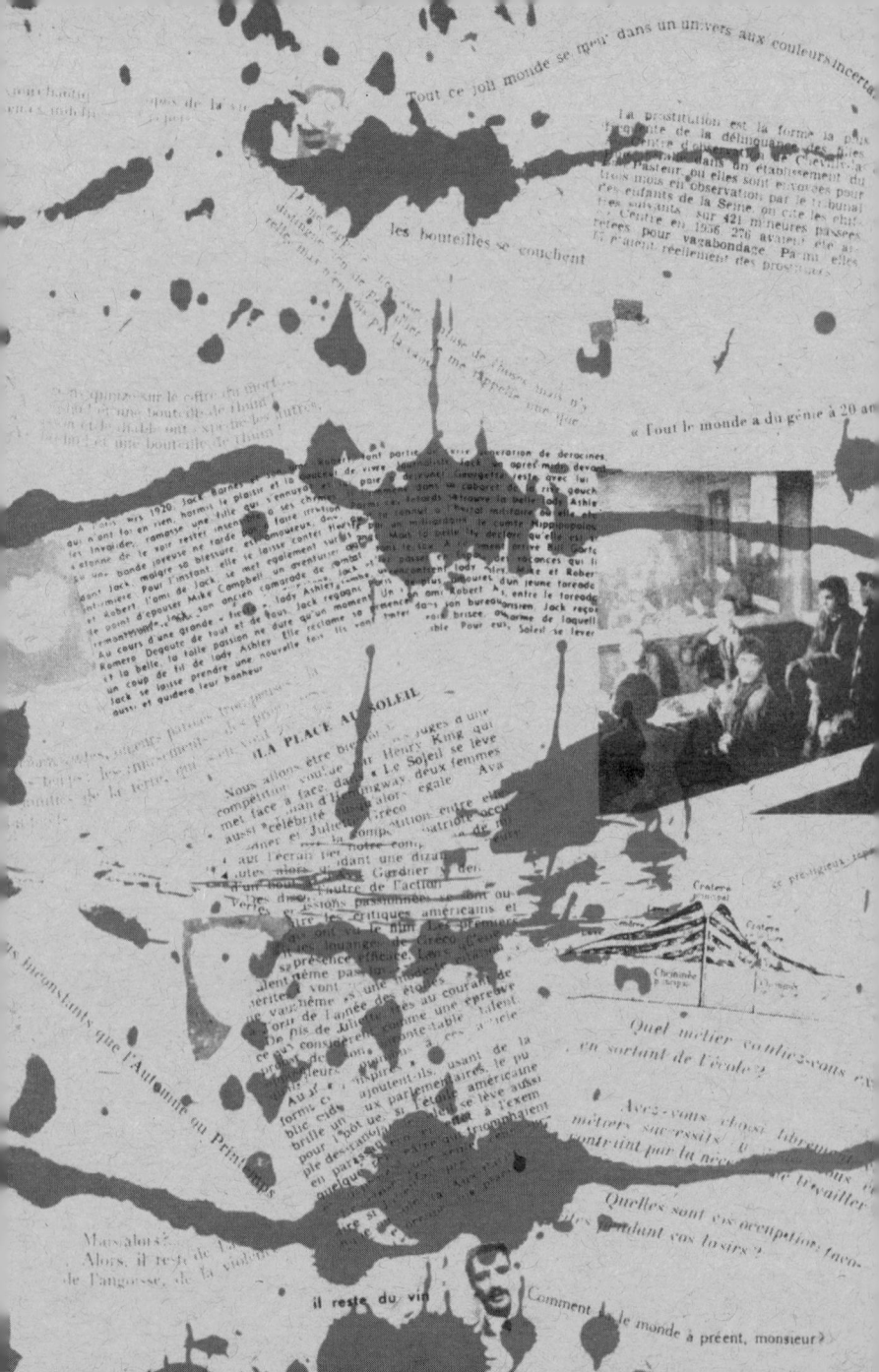

L'unique entreprise intéressante, c'est la libération de la vie quotidienne, pas seulement dans les perspectives de l'histoire, mais pour nous et tout de suite. Ceci passe par le dépérissement des formes aliénées de la communication.

我们唯一感兴趣的事业,就是日常生活的解放。这不仅是从历史的角度来说,也是为了我们自己,此时此刻。来让沟通的异化形式枯萎,实现这一自由。

《关于在短时间内某几个人的经过》

(*Sur le passage de quelques personnes à travers une assez courte unité de temps*)

(德波:《电影作品全集》[*Œuvres cinématographiques complètes*],伽利玛出版社1994年,第35页)

# À BAS LA SOCIÉTÉ SPECTACULAIRE-MARCHANDE

CONSEIL POUR LE MAINTIEN DES OCCUPATIONS

Je n'ai pas, comme les autres, changé d'avis une ou plusieurs fois, avec le changement des temps ; ce sont plutôt les temps qui ont changé selon mes avis. Il y a là de quoi déplaire aux contemporains.

我并没有像其他人那样,随着时间的变化改变自己的想法;相反,时间总是随着我的想法改变了它自己。这会让我同时代的人感到不快。

《我们一起游荡在夜的黑暗中,然后被烈火吞噬》

(*In girum imus nocte et consumimur igni*)

(德波:《电影作品全集》[*Œuvres cinématographiques complètes*],伽利玛出版社1994年,第216页)

Ainsi donc, au lieu d'ajouter un film à des milliers de films quelconques, je préfère exposer ici pourquoi je ne ferai rien de tel. Ceci revient à remplacer les aventures futiles que conte le cinéma par l'examen d'un sujet important : moi-même. On m'avait parfois reproché, mais à tort je crois, de faire des films difficiles : je vais pour finir en faire un.

因此，我不愿意在上千部这样的电影里再添一部，相反我选择在这里揭示我为什么不愿意这么做。因为比起电影讲述的毫无意义的冒险，更重要的是检视一个重要的主体：我自己。有时，人们批评我在制作让人难懂的电影，但他们想错了，我只想用一部电影来终结这一切。

《我们一起游荡在夜的黑暗中，然后被烈火吞噬》

( *In girum imus nocte et consumimur igni* )

〔德波：《电影作品全集》〔*Œuvres cinématographiques complètes*〕，伽利玛出版社1994年，第216-217页〕

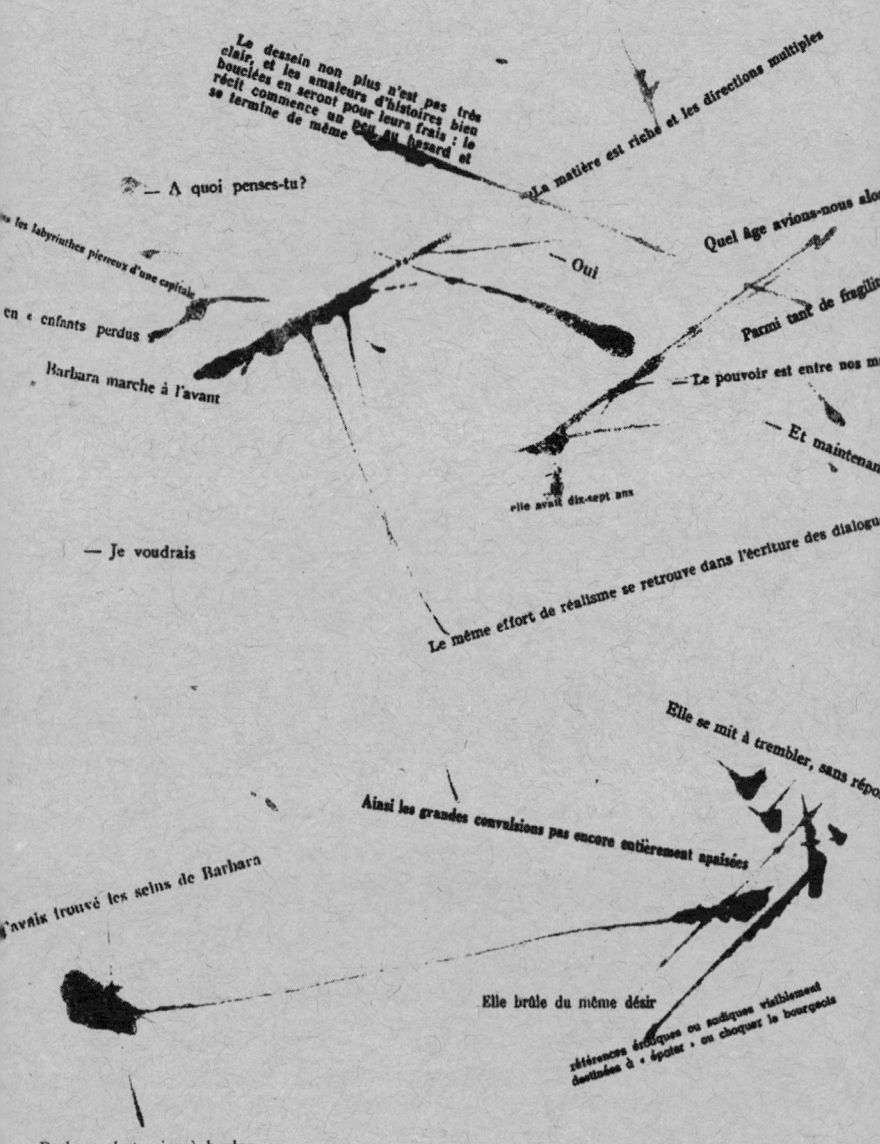

C'est là que nous avons acquis cette dureté qui nous a accompagnés dans tous les jours de notre vie ; et qui a permis à plusieurs d'entre nous d'être en guerre avec la terre entière, d'un cœur léger.

正是从这里，我们才学会了强悍，那在我们生命中日日夜夜里陪伴我们的坚强；这也使我们能带着一颗轻盈的心，与整个世界为敌。

《我们一起游荡在夜的黑暗中，然后被烈火吞噬》

( *In girum imus nocte et consumimur igni* )

〔德波：《电影作品全集》［*Œuvres cinématographiques complètes*］，伽利玛出版社1994年，第243-244页〕

Ceux qui n'ont pas encore commencé à vivre, mais se réservent pour une meilleure époque, et qui ont donc une si grande peur de vieillir, n'attendent rien de moins qu'un paradis permanent.

那些从未开始活过、但在伺机等待更好的时代的人,也因此是畏惧衰老的人,他们等待的无非是一个永恒的天堂。

《我们一起游荡在夜的黑暗中,然后被烈火吞噬》

( *In girum imus nocte et consumimur igni* )

(德波:《电影作品全集》[*Œuvres cinématographiques complètes*],伽利玛出版社1994年,第253-254页)

Le développement même de la société de classes jusqu'à l'organisation spectaculaire de la non-vie mène donc le projet révolutionnaire à devenir *visiblement* ce qu'il était déjà *essentiellement*.

ON DIRAIT QUE CETTE ORGANISATION TRAVERSE UNE CRISE !.. CERTAINS ÉLÉMENTS SONT LIQUIDÉS !..

JE REGRETTE WANTER, MAIS JE NE VEUX M'ASSOCIER A CE GENRE DE POLITIQUE. JE VOUS REMETS MA DÉMISSION.

VOUS POUVEZ VOUS RETIRER WODRAN DE MÊME QUE CEUX QUI PARTAGENT VOS SCRUPULES.

QUATRE CONSEILLERS SORTIRENT DE LA SALLE DE RÉUNION... LA SÉANCE FUT SUSPENDUE MAIS LE PRÉSIDENT WANTER N'EN FUT PAS CONVAINCU DE MODIFIER SA POLITIQUE.

Les avant-gardes n'ont qu'un temps ; et ce qui peut leur arriver de plus heureux, c'est, au plein sens du terme, d'avoir fait leur temps.

那些先锋艺术只是昙花一现;而他们更走运的是——这确实是他们的幸运——他们已经过时了。

《我们一起游荡在夜的黑暗中,然后被烈火吞噬》

(*In girum imus nocte et consumimur igni*)

〔德波:《电影作品全集》[*Œuvres cinématographiques complètes*],伽利玛出版社1994年,第266页〕

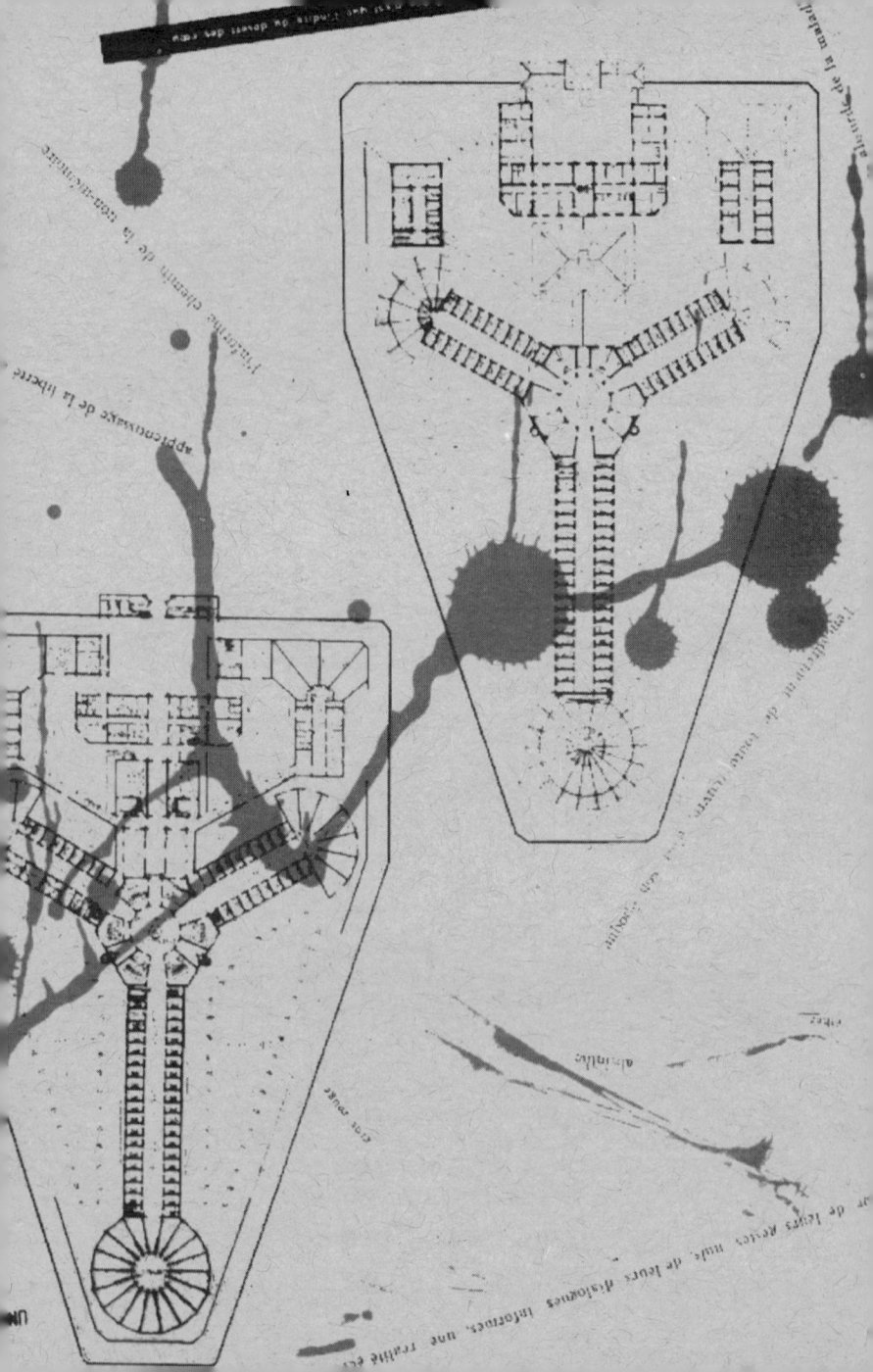

La sensation de l'écoulement du temps a toujours été pour moi très vive, et j'ai été attiré par elle, comme d'autres sont attirés par le vide ou par l'eau. En ce sens, j'ai aimé mon époque, qui aura vu se perdre toute sécurité existante et s'écouler toutes choses de ce qui était socialement ordonné. Voilà des plaisirs que la pratique du plus grand art ne m'aurait pas donnés.

我对时间的流逝的感觉一直都很强烈，我总是被它所吸引，就好像其他人被空场或是流水所吸引。从这个意义上来说，我是喜欢我所身处的这个时代的，因为它将见证所有现存的安全感的丧失和所有社会既定的事物的消逝。这是最伟大的艺术实践也无法给我带来的乐趣。

《我们一起游荡在夜的黑暗中，然后被烈火吞噬》

(*In girum imus nocte et consumimur igni*)

〔德波：《电影作品全集》[*Œuvres cinématographiques complètes*]，伽利玛出版社1994年，第277页〕

L'oubli est notre passion dominante.

遗忘,它支配着我们的热情。

《漂移体验声明》

(*Déclaration sur l'expérience de la dérive*)

〔德波:《德波全集》[*Guy Debord Œuvres*],伽利玛出版社2006年,第103页〕

Ce désir d'une vie plus vraie, simplement jouée, est contemporain d'une perte d'importance des sujets classiques de passion.

对真实生活的欲望,对仅是游戏的真实生活的欲望,和激情的古典主体不再重要一样,是同一时代的产物。

《情境构建宣言》

(*Manifeste pour une construction de situations*)

(德波:《德波全集》[*Guy Debord Œuvres*],伽利玛出版社2006年,第112页)

Il faut jeter de nouvelles forces dans la bataille des loisirs, et nous y tiendrons notre place.

在闲暇的战役中，必须释放出新的力量，而我们将在此保卫自己的领土。

《关于情境构建以及情境主义国际倾向的组织和行动的条件报告》

(*Rapport sur la construction des situations et sur les conditions de l'organisation et de l'action de la tendance situationniste internationale*)

〔德波：《德波全集》［*Guy Debord Œuvres*］，伽利玛出版社2006年，第325页〕

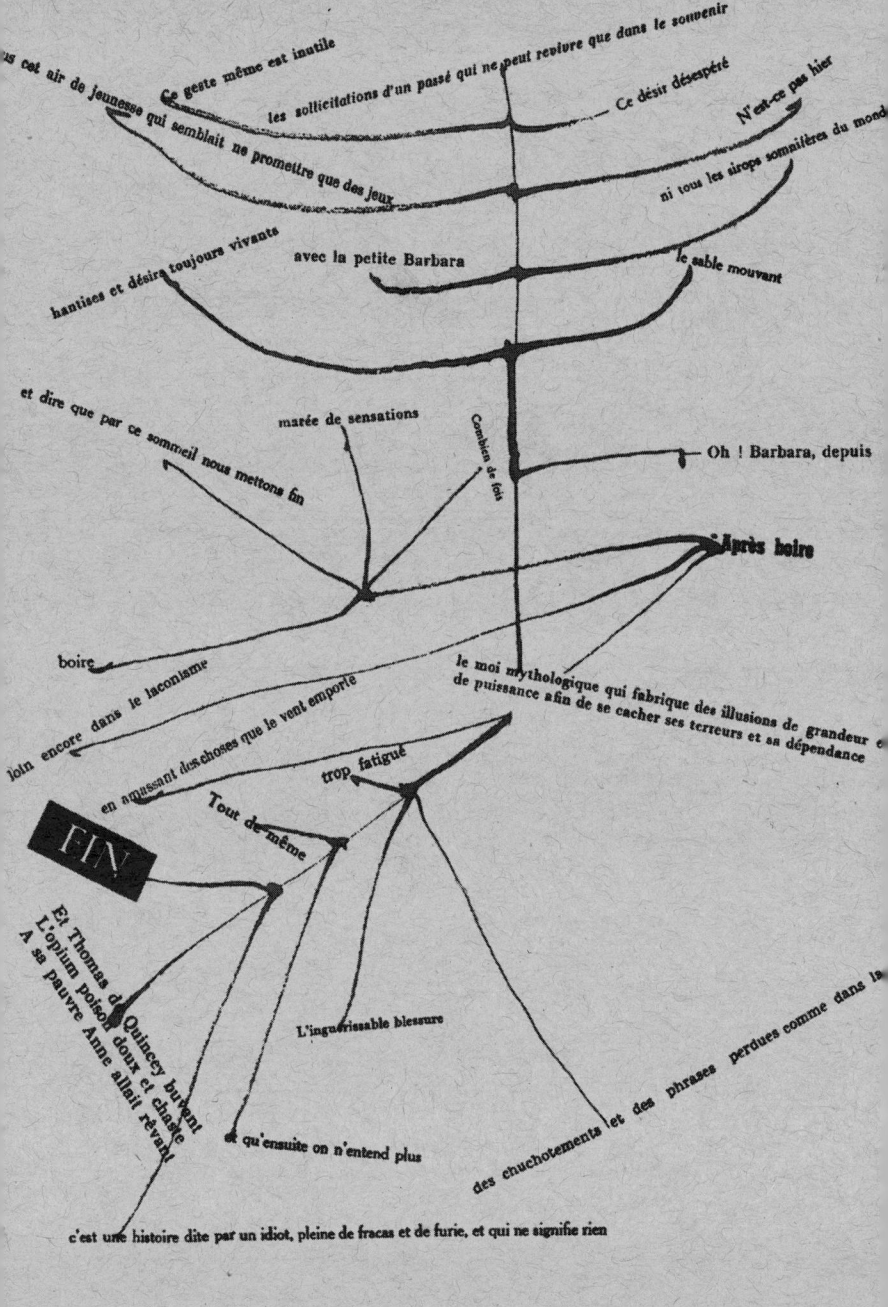

## Note pour l'imprimerie

Les documents marqués de 1 à 57 doivent tenir toute la largeur de la page : donc 28 cicéros. Certains seront en pleine page ; d'autres en sortiront par trois côtés.

Les documents marqués de A à J auront une largeur de 15 cicéros. 6,75 cm

Les documents K et L, une largeur de 20 cicéros. 9 cm

Il faut composer les dates de : 1951
1953
1958
1968
1977
1984   ainsi : 1937

Avoir les chiffres 1, 2, 3, 4, 5, et 6 : chacun sur une hauteur de 30 m/m.

Le mot AVIS sera composé ainsi : STATI

La pagination possible : en bas de page.

G. D.

Nous devons tenter de construire des situations, c'est-à-dire des ambiances collectives, un ensemble d'impressions déterminant la qualité d'un moment.

我们应该尝试着构建情境,也就是创造集体的氛围,那是决定了瞬间的质的各种感受的总体。

《关于情境构建以及情境主义国际倾向的组织和行动的条件报告》
( *Rapport sur la construction des situations et sur les conditions de l'organisation et de l'action de la tendance situationniste internationale* )
(德波:《德波全集》[ *Guy Debord Œuvres* ],伽利玛出版社2006年,第325页)

L'idée d'éternité est la plus grossière qu'un homme puisse concevoir à propos de ses actes.

永恒,是人对他的行动能得出的最粗浅的理解。

《关于情境构建以及情境主义国际倾向的组织和行动的条件报告》

( *Rapport sur la construction des situations et sur les conditions de l'organisation et de l'action de la tendance situationniste internationale* )

( 德波:《德波全集》[ *Guy Debord Œuvres* ],伽利玛出版社2006年,第326页 )

1793

*Chanson des Gardes Su...*

Notre vie est un voyage
Dans l'hiver et dans la Nuit,
Nous cherchons notre passage
Dans le Ciel où rien ne luit

us l'influence de l'alcool

Elle restait debout, torturant sa lèvre inférieure

un réseau de souvenirs, d'obse
sions, de pensées vagues, de
flexions, d'appréhensions

la jeunesse trouve la révolte en elle-même,
quand elle ne la trouve pas près d'elle

Les seins que rien ne dissimule

l'odeur de la mar

Le principal drame affectif de la vie, après le conflit perpétuel entre le désir et la réalité hostile au désir, semble bien être la sensation de l'écoulement du temps.

在欲望和敌视欲望的现实之间永久的冲突之下,生活的主要情感张力,似乎是对时间的流逝的感知。

《关于情境构建以及情境主义国际倾向的组织和行动的条件报告》

( *Rapport sur la construction des situations et sur les conditions de l'organisation et de l'action de la tendance situationniste internationale* )

(德波:《德波全集》[ *Guy Debord Œuvres* ],伽利玛出版社2006年,第327页)

Le monde devient illisible comme unité; seuls des spécialistes détiennent quelques fragments de rationalité, mais ils s'avouent incapables de se les transmettre.

世界变得越来越像是一块无法被阅读的统一体；只有专家们才手持着理性的些许碎片，但是连他们自己都没有能力互相传递、沟通这些碎片的内容。

《革命计划统一体的初步定义》

〔 *Préliminaires pour une définition de l'unité du programme révolutionnaire* 〕

〔德波：《德波全集》〔*Guy Debord Œuvres*〕，伽利玛出版社2006年，第513页〕

Jean-François Paul de Gondi, cardinal de Retz (1613-1679), gravure par Audran © Coll. Viollet

Cela suppose, non seulement que les hommes soient objectivement libérés des besoins réels, mais surtout qu'ils commencent à projeter devant eux des désirs - au lieu des compensations actuelles.

人们不仅应该从现实的需要中客观地解放出来,更重要的是,他们开始将欲望投射到自己面前,来取代现实的补偿。

《革命计划统一体的初步定义》

(*Préliminaires pour une définition de l'unité du programme révolutionnaire*)

(德波:《德波全集》[*Guy Debord Œuvres*],伽利玛出版社2006年,第517页)

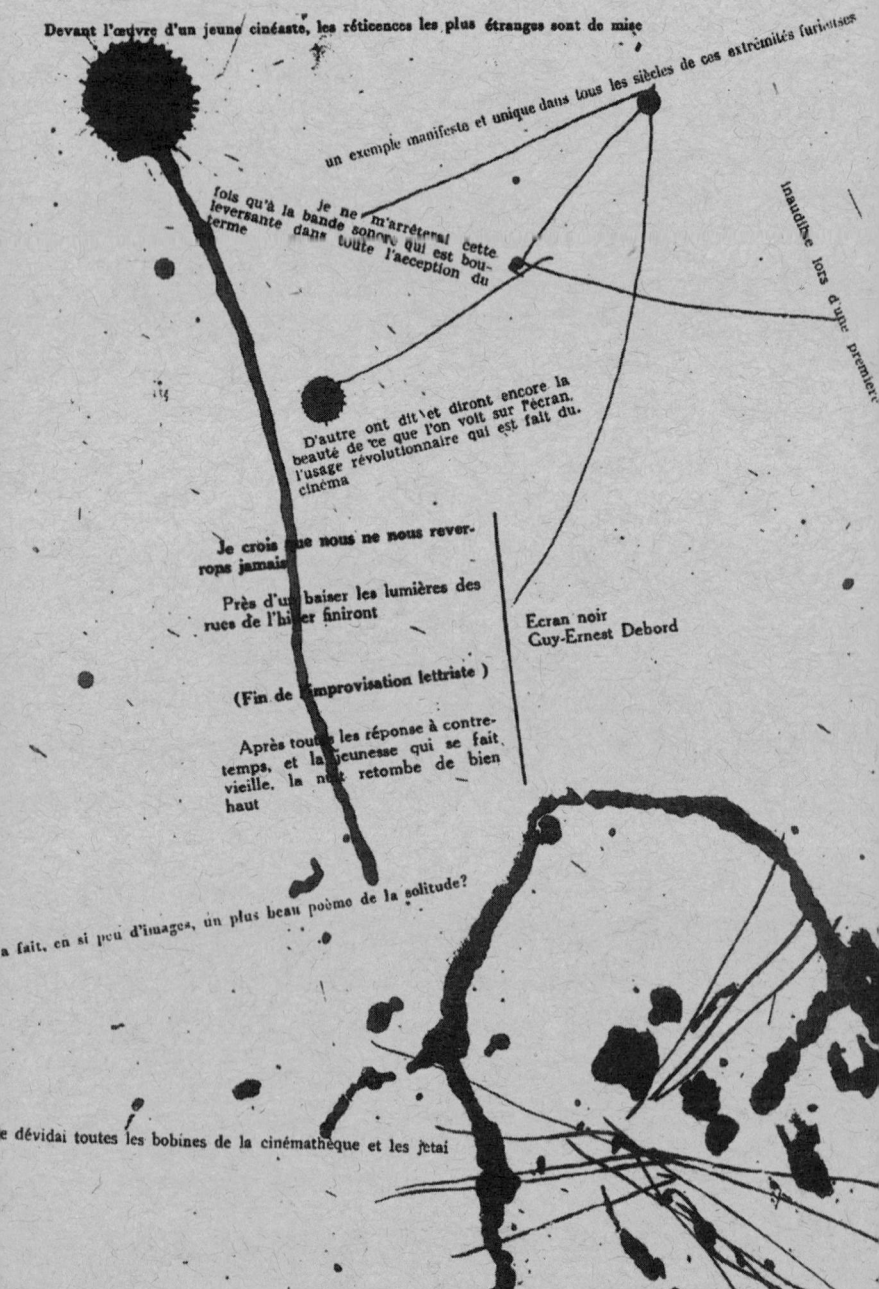

Devant l'œuvre d'un jeune cinéaste, les réticences les plus étranges sont de mise

un exemple manifeste et unique dans tous les siècles de ces extrémités furieuses

Je ne m'arrêterai cette fois qu'à la bande sonore qui est bouleversante dans toute l'acception du terme

inaudible lors d'une première

D'autre ont dit et diront encore la beauté de ce que l'on voit sur l'écran, l'usage révolutionnaire qui est fait du cinéma

Je crois que nous ne nous reverrons jamais

Près d'un baiser les lumières des rues de l'hiver finiront

Ecran noir
Guy-Ernest Debord

(Fin de l'improvisation lettriste)

Après toutes les réponse à contre-temps, et la jeunesse qui se fait vieille, la nuit retombe de bien haut

a fait, en si peu d'images, un plus beau poème de la solitude?

e dévidai toutes les bobines de la cinémathèque et les jetai

La fonction du cinéma est de présenter une fausse cohérence isolée, dramatique ou documentaire, comme remplacement d'une communication et d'une activité absentes. Pour démystifier le cinéma documentaire, il faut dissoudre ce que l'on appelle son sujet.

电影,无论戏剧片还是纪录片,其功能就是呈现一个虚假的、孤立的一致性,填补交流和活动的缺席。为了破除纪录片电影的神秘,必须解决所谓它的主体的问题。

《分离批判》

( *Critique de la séparation* )

〔德波:《德波全集》〔*Guy Debord Œuvres*〕,伽利玛出版社2006年,第541-542页〕

Après tous les temps morts et les moments perdus, restent ces paysages de cartes postales traversés sans fin; cette distance organisée entre chacun et tous. L'enfance? Mais c'est ici ; nous n'en sommes jamais sortis.

在所有的时间都逝去、所有的瞬间都被错过之后，只留下了明信片上的无尽交错的风景，以及在每个人之间被组织起来的这份距离。童年？呵，可它就在这里啊；我们从来就没有走出过童年。

〈分离批判〉

( *Critique de la séparation* )

〔德波：《德波全集》［*Guy Debord Œuvres*］，伽利玛出版社2006年，第543页〕

## - 1 -

Toute la vie des sociétés dans les
les conditions modernes de produc[tion]
comme une immense accumulation
Tout ce qui était directement v[écu]
éloigné dans une représentation.

La réalité considérée
partiellement
se déploie dans
unité générale
en tant que
pseudo-monde
à part, objet de
la seule contemplation

## - 2 -

Les images qui se sont détachées d[e chaque]
aspect de la vie fusionnent dans [un cours]
commun, où l'unité de cette vie [ne peut être]
rétablie. La spécialisation des images
se retrouve ~~parfait~~, accomplie, dans [le monde]
de l'image autonomisée, où le men[teur s'est]
menti à lui-même. Le spectacle, en général
concrète de la vie, est le mouvemen[t]
du non-vivant.

## - 3 -

Le spectacle se présente à la fois [à la]
société même, comme une partie [de la société]
et comme instrument d'unificati[on]. [En tant]
que partie de la société, il [est] expressément
~~ifnt~~ le secteur qui concen[tre tout regard]
et toute conscience. ~~..................~~
~~..................~~
même que ce secteur est séparé, i[l est le lieu du]
regard abusé et de la fausse consc[ience, et l']
unification qu'il accomplit n'est [que le]
~~d'un~~ langage officiel de la sépara[tion]

## - 4 -

Le spectacle n'est pas un ensembl[e d'images]
mais un rapport social entre des pe[rsonnes médiatisé]
par des images.

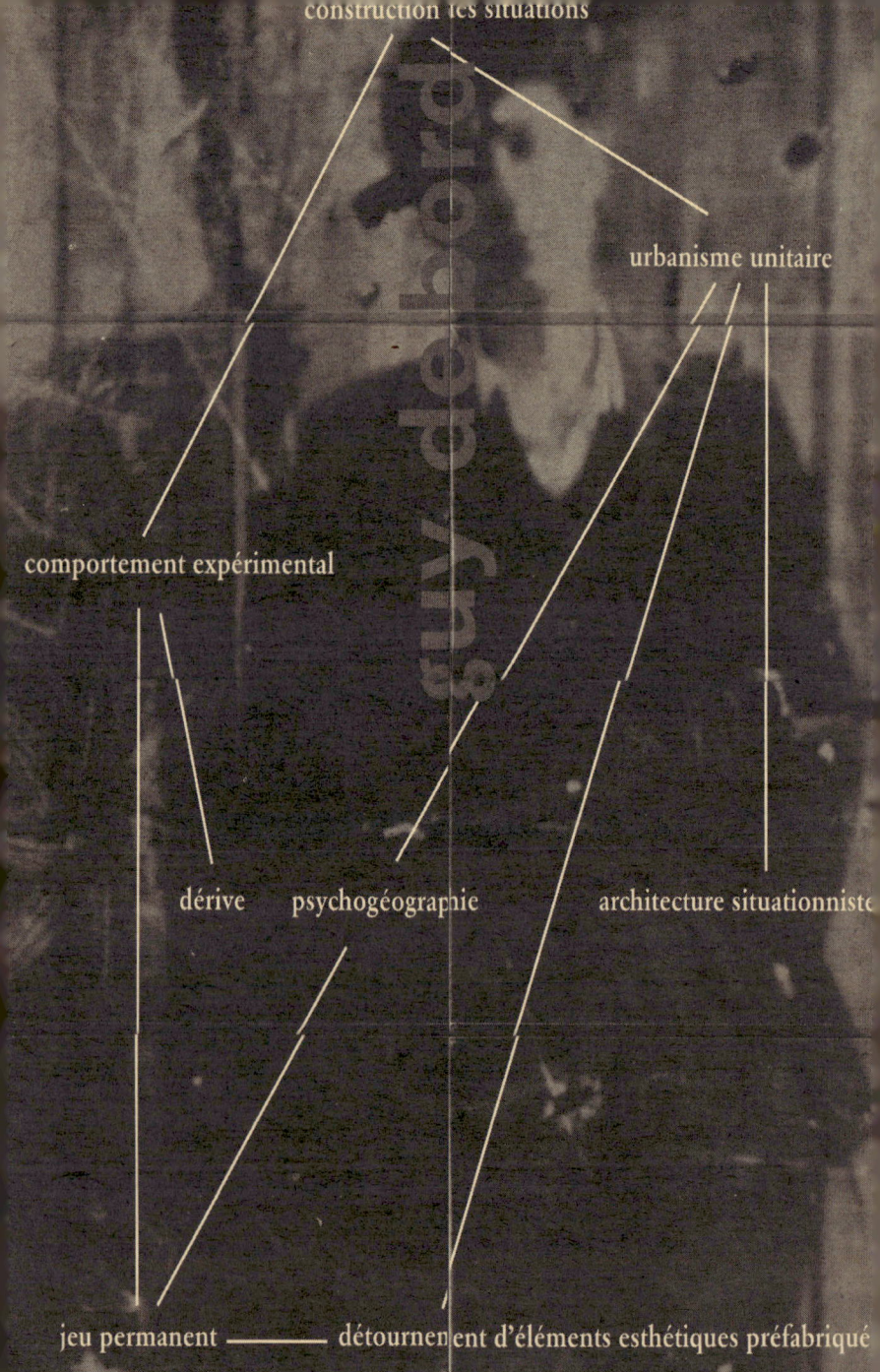

Notre époque accumule des pouvoirs, et se rêve rationnelle. Mais personne ne reconnaît comme siens de tels pouvoirs.

我们的时代积蓄着它自己的力量,还幻想着这是理性的力量。但没有人认出,这其实是他们自己的力量。

《分离批判》

(*Critique de la séparation*)

(德波:《德波全集》[*Guy Debord Œuvres*],伽利玛出版社2006年,第543页)

*– bør opbevares tørt*
**MEN IKKE I NÆRHEDEN
AF VARMEAPPARATER
ELLER I SOLEN**

2

# VIKS
*Flintpapir*

En même temps, c'est un monde où nous avons fait l'apprentissage du changement. Rien ne s'y arrête. Il apparaît sans cesse plus mobile ; et ceux qui le produisent jour après jour contre eux-mêmes peuvent se l'approprier, je le sais bien.

同时,这是一个我们熟知的每天都在变化的世界,从未停止,越来越快。而它们每天把反对自己的事物生产出来,还能将其都收为己用。关于这一点,我非常清楚。

《分离批判》

( *Critique de la séparation* )

(德波:《德波全集》[ *Guy Debord Œuvres* ],伽利玛出版社2006年,第543-544页)

Ce qui n'a pu être oublié reparaît dans les rêves.
À la fin de ce genre de rêve, dans le demi-sommeil,
les événements sont encore tenus pour réels,
un bref instant.

无法被遗忘的事情，总是在梦境里重复地出现。在这样的梦境的最后，在半梦半醒之间，在转瞬即逝的那一刻，这些事件总真实得像是现实。

《分离批判》

(*Critique de la séparation*)

（德波：《德波全集》[*Guy Debord Œuvres*]，伽利玛出版社2006年，第545页）

#### Flintpapir

**752**

– bør opbevares tørt
MEN IKKE I NÆRHEDEN
AF VARMEAPPARATER
ELLER I SOLEN

Toute expression artistique cohérente exprime déjà la cohérence du passé, la passivité. Il convient de détruire la mémoire dans l'art. De ruiner les conventions de sa communication.

所有连续的艺术表达已经展现了过去的连续性和被动性,应该要摧毁艺术中的记忆,摧毁其沟通的习惯。

《分离批判》

(*Critique de la séparation*)

(德波:《德波全集》[*Guy Debord Œuvres*],伽利玛出版社2006年,第550页)

Cette passion de Christian Dior du parfait est sans do... e à l'origine de la réussite

...ulait que ses mannequins soient heureuses

— Quand j'ai résolu d'épouser Dani el Gélin, dit encore Sylvie, Christian Dior m'a appelée et m'a longue...ment interrogée, me posant une foule de questions, sur Daniel surtout. Il voulait que je sois heureuse, il voulait que mon union soit bâtie sur quelque chose de sérieux et ne soit pas éphémère.

Lorsque Sylvie vint lui annocer la naissance de son petit Pas...

Productivit... ...ateur béné... la ...ronat des mé...de... dirées récentes d'abri... lon ...tendent ...out en sement de P... méliorant...

...och... ...um... La ...es ...m... pour... A l'...

Barbara

La révolution n'est pas « montrer » la vie aux gens,
mais les faire vivre.

革命不是把生活"展示"给人们，
而是让他们自己生活起来。

《对于艺术的革命性判断》

( *Pour un jugement révolutionnaire de l'art* )

（德波：《德波全集》[ *Guy Debord Œuvres* ]，伽利玛出版社2006年，第561页）

L'activité artistique avait toujours été seule à rendre compte des problèmes clandestins de la vie quotidienne, quoique d'une manière voilée, déformée, partiellement illusoire.

一直以来,艺术活动只是在揭露日常生活的秘密问题,无论它用来表达的形式是模糊的、歪曲的还是略带虚幻的。

《关于日常生活中自觉的改变的观点》

(*Perspectives de modifications conscientes dans la vie quotidienne*)

(德波:《德波全集》[*Guy Debord Œuvres*],伽利玛出版社2006年,第579页)

Origines des détournements indiquées,
autant que possible, en mars 1986.

*Debord*

[l'ouvrage est composé dans l'hiver 57-58, imprimé
à Copenhague vers l'automne de 1958, en dépit
de la mention imprimée "1959".]
[tous les livres et journaux ici utilisés ont paru, au plus tard,
en 1957, et généralement avant.]

# MÉMOIRES

Il existe, sous nos yeux, le témoignage d'une destruction de toute l'expression artistique: c'est l'art moderne.

在我们眼中,见证了所有艺术表达的毁灭的,就是现代艺术。

《关于日常生活中自觉的改变的观点》

(*Perspectives de modifications conscientes dans la vie quotidienne*)

(德波:《德波全集》[*Guy Debord Œuvres*],伽利玛出版社2006年,第579页)

La civilisation capitaliste n'est encore dépassée nulle part, mais partout elle continue à produire elle-même ses ennemis.

在任何一个角落里,资本主义文明都尚未被超越,但它却也到处不停地生产出自己的敌人们。

《关于日常生活中自觉的改变的观点》
（*Perspectives de modifications conscientes dans la vie quotidienne*）
〔德波：《德波全集》［*Guy Debord Œuvres*］,伽利玛出版社2006年,第581页〕

Maîtresse de ses désirs, elle vit le monde; elle en fut vue

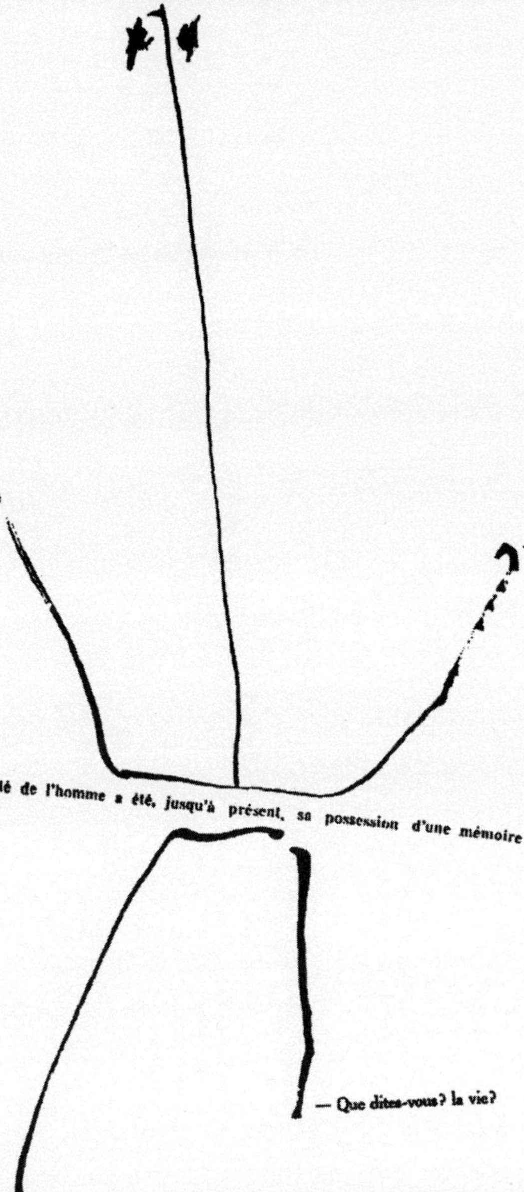

Tous les parfums d'Arabie

— Ma jeune mémoire

Mais l'originalité de l'homme a été, jusqu'à présent, sa possession d'une mémoire à *accès rapide*

— Que dites-vous? la vie?

« comme l'eau-forte sur le fer »

Les Enfants Terribl

Sous la pauvre formule abstraite « d'imagination au pouvoir », qui ne savait pas les moyens de mettre en pratique ce pouvoir, de tout réinventer; et qui, manquant de pouvoir, manqua d'imagination

在"想象力夺权"的贫乏和抽象的口号里,其实并不知晓如何实践、重新创造权力;它既缺乏权力,也缺乏想象力。

《一个时代的开端》

(*Le commencement d'une époque*)

(德波:《德波全集》[*Guy Debord Œuvres*],伽利玛出版社2006年,第919页)

La vie courante, conditionnée jusqu'ici par le problème des subsistances, peut être dominée rationnellement—cette possibilité est au cœur de tous les conflits de notre temps—et le jeu, rompant radicalement avec un temps et un espace ludique bornés, doit envahir la vie entière.

日常的生活,现在为生存的问题所局限而被理性所主宰——这种可能性现在是我们时代里的所有冲突的核心;游戏,根本上与嬉戏的有限时空相断裂,它才应该侵占我们整个的生活。

《关于情境构建的预备问题》

（*Problèmes préliminaires à la construction d'une situation*）

（德波：《德波全集》［*Guy Debord Œuvres*］，伽利玛出版社2006年，第976页）

**Nous avons vécu très vite**

l'évolution de la mode et les courants nouveaux
*article sur la mode*

villes/à l'usage de ceux qui voient
*phrase altérée*

atmosphère des scènes les plus brèves

On y retrouve le gigantisme presque fatigant qui caractérise partout les commencements de la civilisation
*article d'ethnologie*

Dans la lutte contre les idées anciennes, nul ne montra plus de hardiesse
*manuel d'histoire, à propos de Diderot*

Oui, en vérité, c'est bien là le décor que je cherchais
*Edgar Poe ?*

**Singulière profession que la nôtre, d'immenses travaux, des fatigues sans n jamais de répit, bref, un destin en marge de celui des autres hommes**
*roman sur un thème médical (Jean Reverzy)*

*Ivan Chtchéglov (inédit tom)*

Chaque jour qui passe ajoute à notre faculté de nous étonner un étonnement nouveau

Le but traditionnel de l'esthétique est de faire sentir,
dans la privation et l'absence, certains éléments
passés de la vie qui, par une médiation artistique,
échapperaient à la confusion des apparences,
l'apparence étant alors ce qui subit le règne du temps.

美学的传统目标是使人在匮乏和缺席的情况下，能够通过艺术的中介，感受到生活中已经逝去的元素；因为这些元素，在艺术的中介下，能够逃离时间统治下的表象的杂乱。

《文化革命论纲》

(*Thèses sur la révolution culturelle*)

(德波：《德波全集》[*Guy Debord Œuvres*]，伽利玛出版社2006年，第978页)

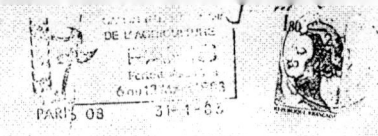

Monsieur Guy DEBORD
8, rue Arago
13200 ARLES

Le 31 Janvier [83]

Mes Chers,

Bong le fameux tennisman suédois prend sa retraite et abandonne la compétition à l'age de 26 ans, eh bien je vous assure que moi, j'aurai quitté le show-business avant que ne finisse ma cinquante deuxième année.

Je fais le nécessaire pour résilier notre bail à Séville.

Comme je vous l'ai dit par téléphone, je compte me rendre à Arles le 11 Février ; je vous confirmerai l'heure de mon arrivée ; j'espère que cela vous va, sinon me le dire.

J'ai bien sur, beaucoup à vous raconter. Il y a tant de temps que nous ne nous sommes pas vus. Pour le cinéma, j'espère sans trop tarder pouvoir en acheter un afin de passer le Spectacle ou et In Girum. sans interruption.

Je 'espère ne pas perdre trop de temps ; il y a tellement à faire.

Je vous embrasse

Le but des situationnistes est la participation immédiate à une abondance passionnelle de la vie, à travers le changement de moments périssables délibérément aménagés. La réussite de ces moments ne peut être que leur effet passager.

情境主义的目标是,借助特意创制的易逝的瞬间的变化,直接地投入到生活中无限丰富的热情里。而这些瞬间的成功之处只在于,它们只此一瞬的效果。

《文化革命论纲》

(*Thèses sur la révolution culturelle*)

(德波:《德波全集》[*Guy Debord Œuvres*],伽利玛出版社2006年,第978页)

L'art peut cesser d'être un rapport sur les sensations pour devenir une organisation directe de sensations supérieures. Il s'agit de produire nous-mêmes, et non des choses qui nous asservissent.

艺术应该停止阐述这些感觉,而是成为更高一级的感觉的直接组织。这就是要生产出我们自己,而不是奴役我们的事物。

《文化革命论纲》

(*Thèses sur la révolution culturelle*)

(德波:《德波全集》[*Guy Debord Œuvres*],伽利玛出版社2006年,第978页)

Les situationnistes envisagent l'activité culturelle, du point de vue de la totalité, comme méthode de construction expérimentale de la vie quotidienne, développable en permanence avec l'extension des loisirs et la disparition de la division du travail.

情境主义者从总体性的角度，将文化的活动视为日常生活的体验性构建的方法，它永远随着闲暇的延伸、劳动分工的消失而不断扩展着疆域。

《文化革命论纲》

( *Thèses sur la révolution culturelle* )

（德波：《德波全集》[ *Guy Debord Œuvres* ]，伽利玛出版社2006年，第978页）

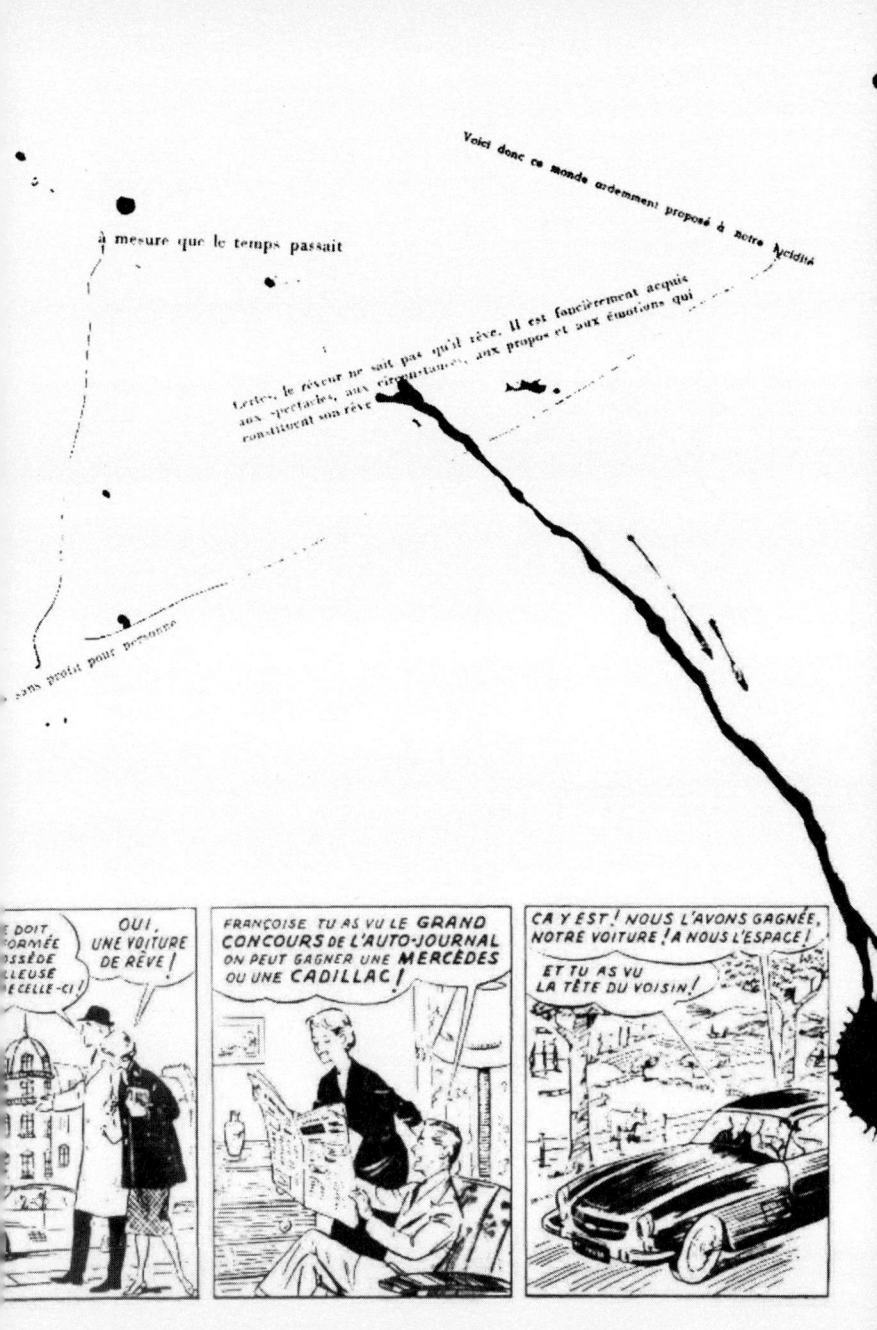

P 159 LES VISITEURS DU SOIR

11 mars 87

Cher Patrick,

...rrait-on se voir le mardi 17, 17 heures, à la même "Écluse"? ...u sais bien qui nous envoie).

Amitiés

Guy

Nous devons aller plus loin, sans nous attacher à rien de la culture moderne, et non plus de sa négation. Nous ne voulons pas travailler au spectacle de la fin d'un monde, mais à la fin du monde du spectacle.

我们应该走得更远,将现代文化及其否定远远地抛在身后。我们不愿意为世界尽头的景观工作,我们只愿意为景观世界的终结而奋斗。

《艺术消失的意义》

( *Le sens du dépérissement de l'art* )

(德波:《德波全集》[ *Guy Debord Œuvres* ],伽利玛出版社2006年,第987页)

Puisque l'homme est le produit des situations qu'il traverse, il importe de créer des situations humaines. Puisque l'individu est défini par sa situation, il veut le pouvoir de créer des situations dignes de son désir. Dans cette perspective doivent se fondre et se réaliser la poésie (la communication comme réussite d'un langage en situation), l'appropriation de la nature, la libération sociale complète.

由于人是他所经历的情境的产物，所以必须创造出属人的情境。由于个体是被他所处的情境所定义，所以他追求的是与他的欲望相匹配的、创造情境的权力。从这个角度来看，应该融合和实现诗歌（一种沟通，作为情境语言成功的沟通）、对自然的占有和完全的社会解放。

《问卷》

(*Le questionnaire*)

〔德波：《德波全集》［*Guy Debord Œuvres*］，伽利玛出版社2006年，第1057页〕

Où nous retrouverons-nous demain ?

## LA MARÉE DESCEND

Nous ressemblons tous plus ou moins à un voyageur qui aurait parcouru un très grand pays

Il semble aux dernières nouvelles que d'importants progrès aient été faits vers la réalisation de ces rêves

sans laisser de traces

On regagne la terre ferme ; on se sépare

Le poème sera écrit, mais jamais fixé ; pris dans une perpétuelle transformation QUI NE SERA EN RIEN UN SOUCI DE PERFECTION FORMELLE mais une poursuite du moment. Car la poésie doit être immédiate.

诗歌,将会被书写,以从未被固定的方式;诗歌,永远处在变动之中,从不是*在忧心形式的尽善尽美*,而是对瞬间的追求。因为诗歌就应该是即时即刻的。

《萨德侯爵拥有一双女性的明眸,能够炸毁桥梁》

(*Le marquis de Sade a des yeux de fille, de beaux yeux pour faire sauter les ponts*)

(德波:《萨德侯爵拥有一双女性的明眸,能够炸毁桥梁》

[*Le marquis de Sade a des yeux de fille, de beaux yeux pour faire sauter les ponts*],法亚尔出版社2004年,第64页)

# A. BECKER-HO ET G. DEBORD

# LE « JEU DE LA GUERRE »

### RELEVÉ
### DES POSITIONS SUCCESSIVES DE TOUTES LES FORCES
### AU COURS D'UNE PARTIE

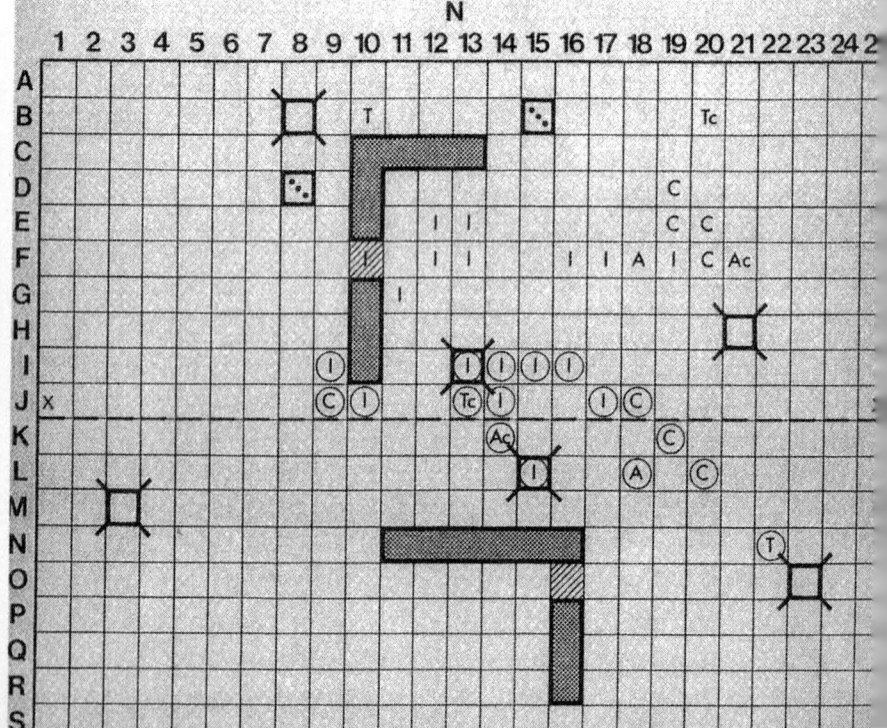

La poésie ne suivivra que dans sa destruction.

诗歌,只在被毁灭时才得以幸存。

《萨德侯爵拥有一双女性的明眸,能够炸毁桥梁》
(*Le marquis de Sade a des yeux de fille, de beaux yeux pour faire sauter les ponts*)
(德波:《萨德侯爵拥有一双女性的明眸,能够炸毁桥梁》
[*Le marquis de Sade a des yeux de fille, de beaux yeux pour faire sauter les ponts*],法亚尔出版社2004年,第86页)

Je n'ai jamais cru aux valeurs reçues par mes contemporains, et voilà qu'aujourd'hui personne n'en connaît plus aucune.

我从未相信过我同一代的人给出的那些价值,而今天,也没有人知道这些东西了。

《颂词》

(*Panégyrique*)

(德波:《颂词》[*Panégyrique*],伽利玛出版社1993年,第16页)

La réalisation aussi porte les marques de la jeunesse

terrible, magnifique et désespéré désordre

Tous les éléments du roman policier américain s'y retrouvent, violence, sexualité, cruauté, mais la scène

vérité, ou ce qu'on a coutume d'appeler ainsi, je ne la connais pas, je l'oublie, je ne la regarde pas, je ne sais pas ce que c'est

Dans cette monstrueuse et dérisoire carte du Tendre c'est la recherche d'un personnage qui est proposée à travers ses existences successives

On pense à tant de choses à la fois, tant de choses se pressent en nous, dans un même moment. Comment résister à ce vertige qui nous assaille en permanence?

Barbara déchire son corsage ; elle a pas de soutien-gorg

Ainsi sous un visage riant, sous cet air de jeunesse qui semblait ne promettre que des jeux

La nuit, les proches étoiles, qui un moment étaient intensément brillantes, le moment d'après pouvaient être éteintes par le passage d'une brume légère.

夜幕低垂,繁星触手可及,使这个时刻变得光芒万丈,而下一刻却可能因为一场薄雾而黯淡下去。

《颂词》

(*Panégyrique*)

(德波:《颂词》[*Panégyrique*],伽利玛出版社1993年,第56页)

Notre époque de techniciens fait abondamment usage d'un adjectif substantivé, celui de « professionnel »; elle semble croire qu'il s'y rencontre une espèce de garantie.

我们这个时代的技术人员大量使用了一个名词化的形容词,即"专家",似乎坚信这里包含了一种保证。

《颂词》

(*Panégyrique*)

(德波:《颂词》[*Panégyrique*],伽利玛出版社1993年,第66页)

Toute la vie des sociétés dans lesquelles règnent les conditions modernes de production s'annonce comme une immense accumulation de *spectacles*. Tout ce qui était directement vécu s'est éloigné dans une représentation.

在现代生产条件占统治地位的各个社会中，整个社会生活显示为一种巨大的景观积累。直接经历过的一切都已经离我们而去，进入了一种表现。

《景观社会》

(*La Société du Spectacle*)

(德波：《景观社会》[*La Société du Spectacle*]，伽利玛出版社1992年，第15页)

Lorsque le cataclysme prend fin, on s'aperçoit qu'il a modifié le relief

Leur insolite parut plutôt comique, enfantin, primaire et pour beaucoup ridicule

l'histoire du passage du Nor

ceux qui se reconnaissaient pour les compagnons de la Quête

Après maintes pérégrinations, maintes rencontres insolites

sentiment de l'espace et, plus tard, le sentiment la durée furent singulièrement affectés

les retrouverions-nous jamais comme cet été-là, avec cet éclat

longue marche

pauvres, errants, travestis, « desquels aussi le monde n'était pas digne »

comme la poudre et les matières colorantes du feu, ils éblouissent et s'évanouissent dans les ténèbres

L'art des fêt

e toute façon il paraît difficile que cette délirante histoire finisse

Dans le monde *réellement renversé*, le vrai est un moment du faux.

在*被真正地颠倒*的世界中,真实只是虚假的某个时刻。

《景观社会》

(*La Société du Spectacle*)

(德波:《景观社会》[*La Société du Spectacle*],伽利玛出版社1992年,第19页)

Le monde à la fois présent et absent que le spectacle *fait voir* est le monde de la marchandise dominant tout ce qui est vécu.

景观让人们看到的是一个既在场又不在场的世界,这是一个商品的世界,它统治着所有被经历的东西。

《景观社会》

(*La Société du Spectacle*)

(德波:《景观社会》[*La Société du Spectacle*],伽利玛出版社1992年,第36页)

Le spectacle est l'argent que l'on *regarde seulement*, car en lui déjà c'est la totalité de l'usage qui s'est échangée contre la totalité de la représentation abstraite. Le spectacle n'est pas seulement le serviteur du *pseudo-usage*, il est déjà en lui-même le pseudo-usage de la vie.

景观是人们*只能观看*的金钱,因为在它身上,正是使用的总体与抽象的表现总体在进行交换。景观不仅仅是*伪使用*的奴仆,它在自己身上就是生活的伪使用。

《景观社会》

(*La Société du Spectacle*)

(德波:《景观社会》[*La Société du Spectacle*],伽利玛出版社1992年,第45页)

chaotique à propos de la vie, sur des thèmes indéfiniment repris

Tout ce joli monde se meut dans un univers aux couleurs

Je me rappelle une masse confuse de choses, distingue bien de particulier. Je me rappelle une que... les bouteilles se couchent relle, mais n'en vois pas la cause.

La prostitution est la forme l fréquente de la délinquance des Au Centre d'observation de Chev Bry-Pasteur, où elles sont envoyées trois mois en observation par le tri des enfants de la Seine, on cite les fres suivants : sur 421 mineures pa Centre en 1956, 276 avaient été rêtées pour vagabondage. Parmi 17 étaient réellement des prostituées

Nous étions quinze sur le coffre du mort...
Yo-ho-ho ! et une bouteille de rhum !
La boisson et le diable ont expédié les autres,
Yo-ho-ho ! et une bouteille de rhum !

« Tout le monde a du génie à

A Paris, vers 1920, Jack Barnes et son ami, Robert, font partie de cette génération de déracinés, qui n'ont foi en rien, hormis le plaisir et la douceur de vivre. Journaliste, Jack, un après-midi, devant les Invalides, ramasse une fille qui s'ennuyait et lui paie à déjeuner. Georgette reste avec lui s'étonne de la voir rester aussitôt pas à faire cristian. Il l'emmène dans un cabaret de la rive gauch ou une bande joyeuse ne tarde pas à faire cristian. Parmi ces fêtards se trouve la belle lady Ashle dont Jack, malgré lui, va se blesser sans amoureux. qu'il la connut à l'hôpital militaire où elle s'infirmière, l'aime de Jack, se laisse conter. vings. Mais la belle lui déclare qu'elle est s et Robert, l'ami de Jack, se me également son sont le sou. A ce moment arrive Bill Gart d'épouser Mike Campbell, un aventurier de combat passer en Espag elle rencontré lady Mike et Rober reconnait, le vieux ancien camarade de Jack rejoint Paris, de plus, amoure d'un jeune torea Au cours d'une grande fiesta, lady Ashley sort qu'un moment. Un bon ami Robert. entre le toréat et la belle, la folle passion ne dure qu'un moment. sa présence dans un bureau sien, Jack rejo Rompre. Désolé de tout cela, Jack regagne Paris. le réclame sa voix brisée, harme de laque Jack se laisse prendre une nouvelle fois. Ils vont meter ble. Pour eux Soleil se lèver aussi et guidera leur bonheur.

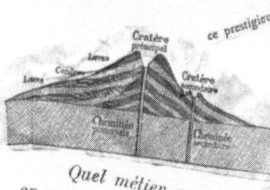

rs volontés changeantes, omeurs paroles trompeuses ; la verse face des temps ; les amusements des promesses ; lusion des amitiés de la terre, qui s'en vont avec le nées et les intérêts

LA PLACE AU SOLEIL

Nous allons être bientôt les juges d'une compétition voulue par Henry King qui met face à face, dans « Le Soleil se lève aussi » d'Hemingway, deux femmes célébrées jusqu'alors égale : Ava Gardner et Juliette Gréco.
l'écran permettre une dizan d'un bout à l'autre de l'action. d'Ava. Gardner y dens
Des discussions passionnées se sont ou verses entre les critiques américains et qui ont vu le film. Les premiers les louanges de Gréco. eue sa présence efficace. Le valent même pas lui... mérites « vont à une modeste citation va même à l'orai de l'année des étoiles. à l'avis de Juliette, très au long d'une épreuve considèrent comme une épreuve probat de son incontestable talent, opposé ses opinions à ces articles quie inspirés... Aud ajoutent-ils, usant de la formu aux parlementaires, le pu blic sid brille not nue, si l'étoile américaine pour ple desc oval, le soleil se lève suge en parl ropéo, en effet, à l'exem quelqu épété éâtre qui triomphaient surpant une seule scène Les choses Juliet fait be . Aux Parisi fique au soleil la une place n

ce prestigieux

Quel métier vouliez-vous en sortant de l'école ?

Plus inconstants que l'Automne ou Printemps

Avez-vous choisi librement métiers successifs ou y avez-vous contraint par la nécessité de travailler

Quelles sont vos occupations favo rites pendant vos loisirs ?

Mais alors ?...
Alors, il reste de l'action. de l'angoisse, de la violence

il reste du vin

Comment va le monde à présent, monsieur ?

La société du spectacle, où la marchandise se contemple elle-même dans un monde qu'elle a créé.

在景观社会中,商品在一个自己创造的世界中自我凝视。

《景观社会》

(*La Société du Spectacle*)

(德波:《景观社会》[*La Société du Spectacle*],伽利玛出版社1992年,第47页)

En concentrant en elle l'image d'un rôle possible, la vedette, la représentation spectaculaire de l'homme vivant, concentre donc cette banalité.

明星,通过在自己身上集中一种可能的角色的形象,即活人的景观表现,他就会集中这种平凡性。

《景观社会》

(*La Société du Spectacle*)

(德波:《景观社会》[*La Société du Spectacle*],伽利玛出版社1992年,第55页)

PARIS

L'homme réifié affiche la preuve de son intimité avec la marchandise. Comme dans les transports des convulsionnaires ou miraculés du vieux fétichisme religieux, le fétichisme de la marchandise parvient à des moments d'excitation fervente.

被物化的人表现出他与商品亲密的证据。正如在狂热教徒的激情中，或古老宗教拜物教治愈的病人身上，商品拜物教能够到达某些痴狂兴奋的时刻。

《景观社会》

(*La Société du Spectacle*)

（德波：《景观社会》［*La Société du Spectacle*］，伽利玛出版社1992年，第62页）

dans l'histoire des découvertes

Son accumulation mécanique libère un *artificiel illimité*, devant lequel le désir vivant reste désarmé. La puissance cumulative d'un artificiel indépendant entraîne partout *la falsification de la vie sociale*.

商品的机械性积累解放出一种无止境的人造物,活生生的欲望在它面前显得束手无策。独立人造物的积累性威力导致对社会生活的造假。

《景观社会》
(*La Société du Spectacle*)

(德波:《景观社会》[*La Société du Spectacle*],伽利玛出版社1992年,第63页)

Quand l'art devenu indépendant représente son monde avec des couleurs éclatantes, un moment de la vie a vieilli, et il ne se laisse pas rajeunir avec des couleurs éclatantes. Il se laisse seulement évoquer dans le souvenir. La grandeur de l'art ne commence à paraître qu'à la retombée de la vie.

当变得独立的艺术用鲜艳的颜色表现它的世界时,生命的某个时刻已经老去,这个时刻不会因鲜艳颜色而返回青春。它只能让人们在记忆中回顾。艺术的伟大只有在生命陨落时才开始显示。

《景观社会》

(*La Société du Spectacle*)

(德波:《景观社会》[*La Société du Spectacle*],伽利玛出版社1992年,第182页)

# guy debord
# MÉMOIRES

Le détournement n'a fondé sa cause sur rien d'extérieur à sa propre vérité comme critique présente.

异轨不在任何其他外在事物之上建立自己的事业,而只在作为当今批判的自身真理中。

《景观社会》

(*La Société du Spectacle*)

(德波:《景观社会》[*La Société du Spectacle*],伽利玛出版社1992年,第199页)

Le spectacle, qui est l'effacement des limites du moi et du monde par l'écrasement du moi qu'assiège la présence-absence du monde, est également l'effacement des limites du vrai et du faux par le refoulement de toute vérité vécue sous la *présence réelle de* la fausseté qu'assure l'organisation de l'apparence.

景观，它是自我与世界的边界的消除，通过世界的在场和不在场对自我进行挤压，它也是真实与虚假的边界的消除，通过表面组织所保障的虚假的真实在场，对任何所经历的真理进行压抑。

《景观社会》

（*La Société du Spectacle*）

（德波：《景观社会》[*La Société du Spectacle*]，伽利玛出版社1992年，第207-208页）

# PotlaTcH

d'après
IN GIRUM IMUS NOCTE ET CONSUMMUR IGNI
(dans "Œuvres Cinématographiques Complètes". Editions Gallimard)
de
**GUY DEBORD**

图书在版编目(CIP)数据

居伊·德波:遭遇景观/(法)居伊·德波著;张一兵,刘冰菁 编. -- 南京:南京大学出版社,2017.5
(思想家手帐/张一兵主编)
ISBN 978-7-305-17837-5

Ⅰ.①居… Ⅱ.①居… ②刘… ③张… Ⅲ.①德波,G.(1931-1994)-语录 Ⅳ.①K835.655.78

中国版本图书馆CIP数据核字(2016)第262267号

| | |
|---|---|
| 出版发行 | 南京大学出版社 |
| 社　　址 | 南京市汉口路22号　邮　编　210093 |
| 出 版 人 | 金鑫荣 |
| 丛 书 名 | 思想家手帐 |
| 书　　名 | 居伊·德波:遭遇景观 |
| 著　　者 | (法)居伊·德波 |
| 编　　者 | 张一兵　刘冰菁 |
| 责任编辑 | 沈清清 |
| 编辑热线 | 025-83685856 |
| 书籍设计 | 周伟伟 |
| 印　　刷 | 南京爱德印刷有限公司 |
| 开　　本 | 787×1092　1/32　印张　8　字数　60千 |
| 版　　次 | 2017年5月第1版　2017年5月第1次印刷 |
| ISBN | 978-7-305-17837-5 |
| 定　　价 | 88.00元 |
| 发行热线 | 025-83594756 |
| 电子邮箱 | Press@ NjupCo.com |
| | Sales@ NjupCo.com(市场部) |
| 网　　址 | http://www.njupco.com |
| 官方微博 | http://weibo.com/njupco |
| 官方微信号 | njupress |

版权所有,侵权必究
凡购买南大版图书,如有印装质量问题,请与所购图书销售部门联系调换